锦熙

黎锦熙 与 《国语四千年来变化潮流图》

LI JINXI
&
DIAGRAM SHOWING THE EVOLUTION OF CHINESE FOR THE LAST FOUR MILLENNIUMS

目录

《国语四千年来变化潮流图》再版说明

中英对照的《国语四千年来变化潮流图》是一张颇为奇特的信息图。奇处首先在于它的作者——被誉为『中国现代汉语语法鼻祖』『拼音文字奠基者』的黎锦熙先生。

黎锦熙，号劭西，生于1890年，卒于1978年。出身名门，是清朝末代秀才。1913年，他任教于湖南省立四师，曾教授毛泽东所在班级，与之结下师生缘分，并给予青年毛泽东许多指点与照顾。抗战时期，毛泽东曾将新著《论持久战》赠送黎锦熙，黎氏则回赠一部他主编的《国语辞典》，以此明志。

自青年时代（1915年），黎锦熙便力主以白话文取代文言文，坚决反对小学读『经』。1916年发起成立『中国国语研究会』，蔡元培任会长，他与钱玄同等为委员，极力倡导『国语统一』和『言文一致』，后积极投身『五四』新文化运动。他曾撰联道：『终身文字改革，豁出去了；个人环境毁誉，满不在乎。』

1924年，黎先生出版《新著国语文法》，是我国现代汉语语法的开山之作，一时间轰动全国，连续再版二十多次，由此践行了他『汉字革命』的口号，也是对国粹派所谓『白话文有文无法』的有力回击。1935年，他的另一部经典力著《国语运动史纲》问世，就近千年来国语发展历程做了总结性回顾。

在对汉语语法做开创性工作的同时，他还做了几个方面的重要工作：编纂辞典，如与钱玄同等编纂《中国大辞典》，主编白话词典《国语辞典》；与钱玄同、赵元任等拟定国语罗马字拼音法，后世将之誉为『中国注音字母之父』；从事教育，尽心办学，培养了众多人才，成果之一是，1946年后，他的一百多位弟子赴台推行国语，成为台湾国语运动的中坚；此外，黎先生于方志修纂亦做出了杰出贡献，曾著《方志今议》一书，传祚后世。

其次，《国语四千年来变化潮流图》实乃一张博古通今的大图。1926年，黎锦熙受中华教育改进社之托，创编此图。它以简约明晰的形式，呈现了从甲骨文、金文，一直到草书、隶书的汉字沿革，曾送往在美国费城举办的世界博览会展览，荣获铜奖。不仅如此，他后来又在图上做了大量批注（蓝印文字），这些批注涵括了广博的文学史信息，结合黎锦熙《致张陈卿、李时、张希贤等书》可知，其中蕴含了他对自先秦至民国之文学史的深刻考辨，他高屋建瓴地分析了『文』与『言』在历史中的分离与统一，以及这一辨证过程在几千年文学旨趣变迁中的投射。黎先生对于文言文的批判，是基于对它的透彻研究与反思，是求变以期文脉存续、重获活力，激发民智，强我中华，而绝非对传统文化的破坏、斩绝。现今，对于中国的文字、语法，古今文学之流变与得失，能有如此见识者，恐已极为罕见了。

再者，《国语四千年来变化潮流图》经过历史的磨洗，已然成为一件艺术品、一份文化的结晶，值得后人收藏、观摩与研习。

主要参考文献：

《黎锦熙传》，康化夷著，湖南人民出版社 2017 年 11 月版
《黎锦熙先生诞生百年纪念文集》，周有光等著，北京师范大学出版社 1990 年 4 月版
《国语文学史》代序《致张陈卿、李时、张希贤等书》，见于《胡适文集（8）》，北京大学出版社 1998 年版

《国语四千年来变化潮流图》一九二九年出版说明

黎锦熙

植树节，民十八（1929）

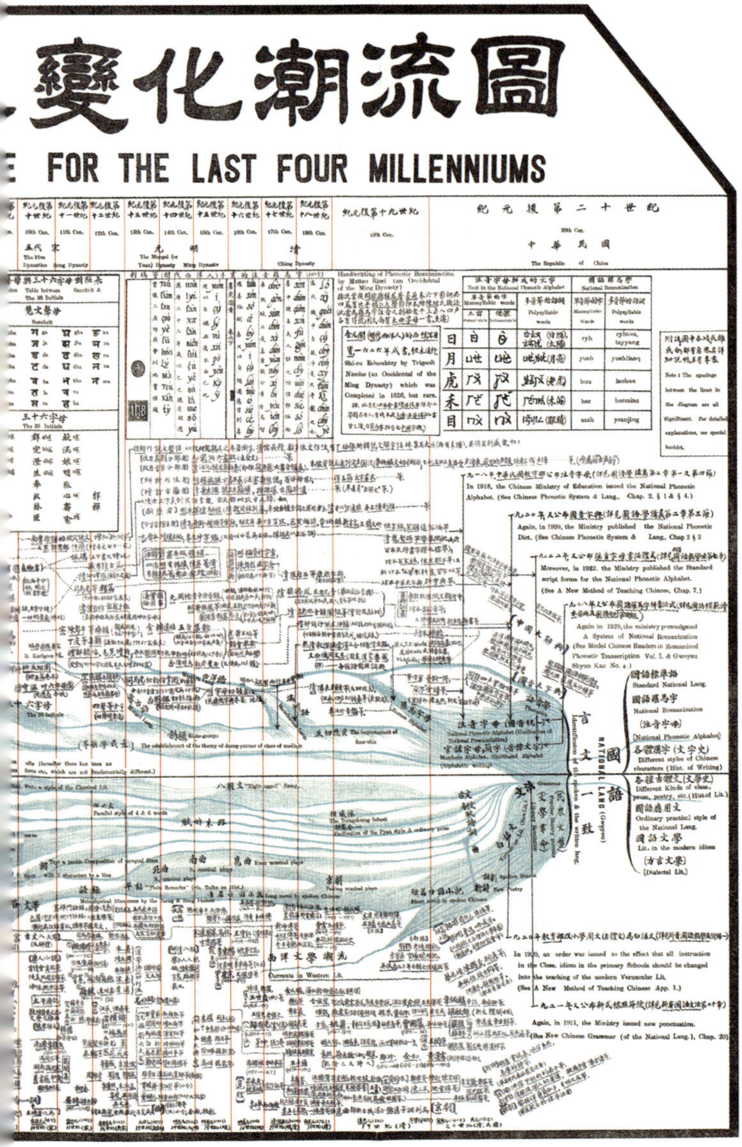
變化潮流圖
FOR THE LAST FOUR MILLENNIUMS
紀世十二第後元紀
20th Cen.
中華民國
The Republic of China
紀世九十第後元紀
19th Cen.
In 1918, the Chinese Ministry of Education issued the National Phonetic Alphabet. (See Chinese Phonetic System & Lang., Chap. 2, § 1 & § 4.)
Again, in 1920, the Ministry published the National Phonetic Dict. (See Chinese Phonetic System & Lang., Chap 2 § 3
Moreover, in 1922, the Ministry published the Standard script forms for the National Phonetic Alphabet. (See A New Method of Teaching Chinese, Chap. 7.)
Again in 1928, the ministry promulgated A System of National Romanization (See Model Chinese Readers in Romanized Phonetic Transcription Vol. I. & Gwoyeu Shyun Kan No. 4.)
國語標準語
Standard National Lang.
國語羅馬字
National Romanization
(注音字母)
(National Phonetic Alphabet)
各體漢字(文字史)
Different styles of Chinese characters (Hist. of Writing)
各種古體文(文學史)
Different Kinds of class. prose, poetry, etc. (Hist. of Lit.)
國語應用文
Ordinary practical style of the National Lang.
國語文學
Lit. in the modern idiom
(方言文學)
(Dialectal Lit.)
國語
NATIONAL LANG (Gwoyeu)
言文一致
Identification of the spoken & the written lang.
In 1920, an order was issued to the effect that all instruction in the Class. idiom in the primary Schools should be changed into the teaching of the modern Vernacular Lit.
(See A New Method of Teaching Chinese App. 1.)
Again, in 1921, the Ministry issued new punctuation.
(See New Chinese Grammar (of the National Lang.), Chap. 20)
西洋文學潮流
Currents in Western Lit.

此图于民国十五年（1926）九月初版。民国十八年（1929）六月，订正再版。由北平和平门外文化学社总发行。

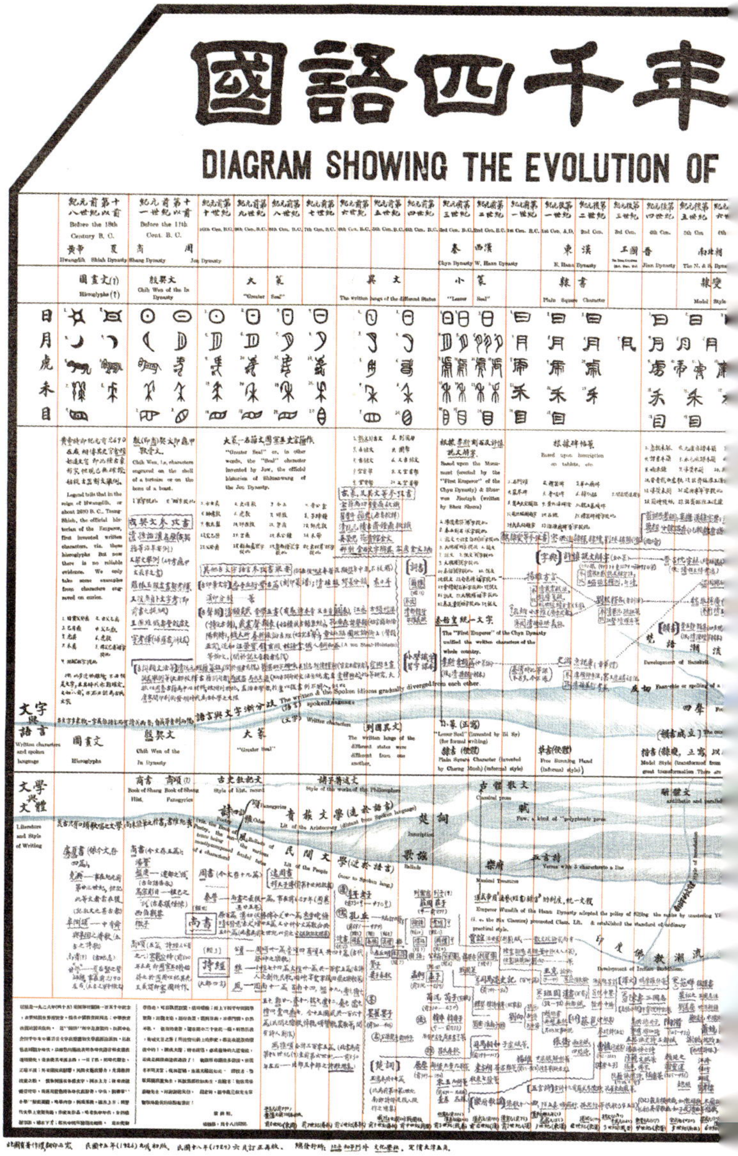

这图是1926年（民十五）美国举行开国一百五十年纪念，在费城开世界博览会，征求中国教育；中华教育改进社托我做的。

这『国语』两字是广义的，故图中包含四千年来中国语言、文字的变迁和文学的源流派别。以红色直线划分时代，以绿色的潮流表明各时代语言和文体的种种变化，意在使其来源去路一目了然，而时代观念正确无误；外来潮流的影响，民间文艺的势力，尤为特别注重之点。

但举例仅有各体文字，列在上方；后来改进社要付印，我再用蓝色将各时代的辞书、字典、韵书等『小学』类的要籍，列举内容，列成系统，添在上方；将历代文学上重要典籍、作家及作品，略考生卒年代，分别体制宗派，补在下方；都与中间所绘潮流相应。意在使初学者得此，可以执简驭繁，随时稽检；而上下四千年间，国学要籍，诗圣文豪，雁行鱼贯，尽列目前，求学门径，自然不乱。

但我的主旨，还在图中二十世纪一栏，轩然巨波，冲破文言之界（所注旁行斜上的作家，都是在这新的潮流中的），汇成大泽；将来疏导，必成最后的六道安流，这就是国语前途的建设了！初版所印潮流多错误，致读者不明其旨；现加订补，并识其缘起如此。

译校者：初版者为汤珙真先生，再版者为邵松如先生。写绘者：初版为张蔚瑜先生。

再谢谢赵元任、钱玄同、刘半农三位先生当初版时给我的指点和参订。

《国语四千年来变化潮流图》说明

黄复雄

黎锦熙先生的《国语四千年来变化潮流图》（以下简称《潮流图》）初版于1926年（不包括蓝字部分），是为美国费城世界博览会准备的、展示中国教育的陈列品。初版是给外国人看的，注意体现『外来潮流的影响』，同时也表达了时代思想的主潮——突出『民间文艺的势力』。

图分上下两个部分，上部是文字与语言，下部是文学与文体，整体构成广义的『国语』概念。纵向是红色的时间线。中间的蓝色示意图表示国语在四千年中的源流变迁、融会贯通，以及在二十世纪的预期的前途。

1929再版则是给国内初学者准备的『思维导图』，用蓝字补充了上部的小学要籍和下部的文学典籍、作家作品、文体与流派等信息，以方便初学者『执简驭繁，随时稽检』。

正如图注所说，『我的主旨，还在图中二十世纪一栏，轩然巨波，冲破文言之界，汇成大泽』，即各种潮流通过官话字母与简字（音标文字）运动、注音字母（国音统一）运动、白话文运动（民众文艺运动、文学革命）等，在二十世纪融汇激荡，最终形成言文一致的国语——这是《潮流图》的基本精神，也是五四以来国语运动的基本精神。

《潮流图》的文字与语言部分，体现了黎锦熙先生个人的，同时也是当时知识界的普遍倾向：汉语的统一规范，汉字的简化、拼音化直至与世界文字接轨——拉丁化，是世界语文现代化大潮的一个分支；这种前途是确定无疑的。至于什么时候能实现，不同人的预期差异很大。比如有人问国语罗马字多久才能代替汉字，黎锦熙先生认为至少要五百年，而疑古先生（钱玄同自号『疑古』）以为只要一百年，吴稚晖先生则说要一千年。（黎锦熙：《一百年也可以》，载《国语运动史纲》，P213）

黎锦熙先生在《潮流图》中为我们勾画了汉语言文字的发展脉络：

一、在图画文、甲骨文以前，言、文没有完全分化；

二、后来语言、文字分化，如同河流分成两股：

（一）其一是文字。汉字经历大篆、战国文字、小篆、隶书、草书、行书、楷书的演变过程，到唐代稳定下来。

（二）其二是语言。大概从东汉后期开始，人们有了语音分析的自觉。这体现在反切的发明上。在其后的漫长历史过程中，又逐步出现了韵书、四声、三十六字母、等韵学、韵摄、反切改良。在此过程中，梵语、鲜卑语、蒙古语、西洋语、满语、罗马字、语音学等外来因素各有作用。

三、到二十世纪此图绘制的时代，出现了官话字母与简字（音标文字）运动、注音字母（国音统一）运动、白话文运动等，语言与文字再次合流，在此基础上进一步融合发展，最终将实现语言文字层面的言文一致的目标。

他预计，将来通行的将是国语标准语、国语罗马字；注音字母将与国语罗马字并行一段时间后退出历史舞台。而各体汉字将成为历史——文字史。

《潮流图》的文学与文体部分，同样体现了当时知识界的普遍用心：眼光向下，发掘民间文艺的生机和力量，并以之为『文学革命』之历史根据。在《致张陈卿、李时、张希贤等书》（《胡适文集》第八卷，北京大学出版社，1998）中，黎锦熙结合胡适的《国语文学史》对文学与文体的历史潮流做了详细的解释：

中国文学史的生机来自民间文学，民间文学不断生发、更新，不断充实文学史的大潮；民间文学被文人雅士改造、继承之后演变成『庙堂文学』，会逐步失去活力。

民间文学的主要判断标志在于是否用口语，因此这里所说的民间文学即『国语文学』。

秦以前，文字简陋，书写工具与材料不易得，不能完整地记录语言；尤其是，『汉字这种符号，始终脱不了「结绳性」，是不能活泼泼地拼切古语，保留旧音的！』。所以这时候，语、文还无所谓合一与分流的问题，所谓『古文』也无所谓『死』还是『活』的问题，而是未成形。『秦以前的语文不能合一与竹帛上不能有纯粹的活文学也是无可疑的。』当然，《诗经·国风》、《楚辞·九歌》、先秦诸子散文、《尚书》中的《盘庚》《大诰》和《左传》、《战国策》等记事文，或多或少有『活语言』『活文学』的因素。

秦始皇、李斯推行『书同文』，汉武帝、公孙弘推行『文体复古』，对后世文学影响绝大。汉代推行『古体散文』和『赋』（从《楚辞》演变而来），从此以后历代都有贵族文学。而此时在民间，歌谣和五言诗已蓬勃盛行；到汉末、六朝，五言诗成了最流行的庄重诗体；再到唐人的拟乐府，五言诗和乐府的命运即告终。

在隋、唐、五代时期，初唐的七言绝句（比五言便于歌唱）、晚唐的词，也很快从民间进入庙堂。魏晋以来佛教传入，到晚唐，禅宗白话语录流行，成为学者说理的应用文；民间歌谣和传说故事，经文人加工而为竹枝词和短篇小说。韩愈以来的所谓『古文运动』，其实是『托古改制』，可以算作民间力量。『到了五代十国，那些「皇帝词人」，竟完全服从平民了。』

两宋、金、元时期，印刷术的推广，『把那个时代划为古今学的一条大鸿沟。……因书籍易得，教育较易普及之故，民间文学的内容和程度实在比从前高』。『平话』演成上百卷的长篇小说。两宋词大发展，又盛极而衰；但又演变出『北曲』，再演变出『传奇』。

明、清到1920年，『这一期的民间文艺，却真渐渐的形成现代的国语文学了。最要注意的是那几部脍炙人口的长篇章回体白话小说』。另外，明初的『五大传奇』经『昆曲』而变化到『京剧』。

1920年发生了两件大事：其一，教育部正式公布《国音字典》，谋求『国语统一』。其二，教育部明令全国小学古体文科目改用语体文，并正名为『国语』。『国语文学史说到这里，才算入了正轨』：有了全国统一的标准语，有了音标文字，并进入国策。『民九（1920）这年要算是开一新纪元了。』

黎锦熙先生还预期，将来会留下『六道安流』：国语标准语、国语罗马字（注音字母将与之暂时并行）、各体汉字（在文字史中）、各种古体文（在文学史中）、国语应用文、国语文学（以及一定地域的方言文学）。

即构成图注所说的：『我的主旨，还在图中二十世纪一栏，轩然巨波，冲破文言之界，汇成大泽；将来疏导，必成最后的六道安流，这就是国语前途的建设了！』

致张陈卿、李时、张希贤等书

——胡适1927年《国语文学史》代序

黎锦熙

陈卿诸兄：

前回您来谈及您和好几十位同学打算集资把胡适之先生前几年所编的《国语文学史》讲义排印出来，恰巧有文化学社邵砚田先生愿意承印；也好！可惜我补编的那些材料，因为事隔数年，再也找不出来了；仅仅找出来一些校订的原讲义，其中也略有几处增补的，已经交给邵先生去了。

他这部讲义从汉、魏、六朝编到南宋为止，没有头尾，只是文学史的中段。他的初稿是民国十年（1921）给教育部第三届国语讲习所编的。他写到『天下之文章无有出《水浒》右者，天下之格物君子无出施耐庵先生右者！』正当十二月三十一日的夜半，这一年就与金圣叹的这两句话同时完了，他还在讲义稿上作了一个纪念。国语讲习所是两个月毕业的；过了年，不久就举行毕业式，不但他的讲义编不完，就是我的《国语文法》《国语教学法》，还有钱玄同先生连编带写石印的《声韵沿革》，也都是戛然中止的。这已是五六年前的事了！假使那时候的部章把国语讲习所定为四个月，我想他这部书的工作一定完成了。

次年（1922）四月，我在天津的直隶国语讲习所讲演，胡先生也来到，他在旅馆里把这讲义的章节次序移动了一些。那年十二月，教育部办第四届国语讲习所，他又把它删改了几处——这就是现在付印之本。那年的国语讲习所已成强弩之末了：各省派来的学员大不如前三届之盛了，在京投考的也不多了，教育部也渐渐的闹穷了，从前的石印讲义也改为油印了，现在你们付印的就是这种很不清楚的油印改订本。自然，那时大家都没有兴致把各种讲义继续编完；这第四届也就是教育部最末届的国语讲习所了。

自此以后，我在北京师范等处有时也讲讲国语文学史，就把他的改订本再改订增补了一些，印作临时的讲义，也始终没有弄成一部首尾完备的书。我屡次向他提及，希望他自己破点儿工夫编成，但他的计划改变了，打算编一部完全的中国文学史，不限于国语一方面。前年（1925）夏天，我在中央公园看见他，问他《胡适文存二集》中，连那些《努力》的『这一周』无关轻重的短评都收进去了，何以不在《国语文学史》中间挑选几章精当的收进去？他才恍然，说当时可没有想到这一点。可见这部讲义并非他称心得意之作，所以自己不大注意；而我给弥缝补苴的那些材料，更不过为一时教授上的便利计，尤其不值得注意，所以到现在也就并无存稿。

但民国十二年（1923）商务馆也出了一部凌独见先生的《新著国语文学史》，凌先生就是第三届国语讲习所毕业的，他曾写信叫我作了一篇序（用注音字母写的）；序中说『他搜集材料很不少，很足表示他读书的勤快。』他自序也说他编这书的目的是在勉励自己读书；这不过是一部『读书录』罢了。我倒赞成他这句话。所以，学校里要教《国语文学史》的，想得到胡先生原来的讲义的还很多，虽然是首尾不完之本。只因没有得到著作者的许可，书坊里不敢出版；此次你们印作自己的参考讲义，我想没有什么问题（似乎北大和师大都曾经油印过的），不过正式出版，作为定本，那就要等胡先生回国之后再说。

现在我索性把我对于国语文学史的见解和对于这部讲义增删参校的经过分作六条，写在下面：

（一）秦以前（纪元前200以前）

这讲义不从秦以前编起，却把汉、魏、六朝标作第一篇，当时沈兼士先生在《晨报副刊》上曾经提出抗议；后来凌先生的《新著国语文学史·自序》中也要说，他和胡先生的意见大不相同，他是主张从唐虞编起的；我教这书的时候，也曾经补编了好几段秦以前的材料，大约就是《诗经》《楚辞》之类和先秦诸子中杂有方言的一些词句。现在一想，《国语文学史》断自秦、汉，在胡先生确有相当的理由。他开场几句话就说明了：『我们研究古代文字，可以推知当战国时候中国的文体已不能与语体一致了。』因为语文分歧，愈歧愈远，所谓中国文学史者，只让『文』的一方面独占了二千多年，『语』的一方面的文学，简直无人齿及，所以有特编《国『语』文学史》之必要；所以《国语文学史》要托始于语文初分歧之时代——战国、秦、汉间——而语文未分歧以前和既合一以后就不一定划入范围；所以他第一篇第一章的标题是『古文是何时死的？』古文未死，便是国语；古文已死而秘不发丧，叫国语退匿民间，不得承袭『文统』，乃特编《国语文学史》，以发潜德之幽光。并且这是『文学革命』之历史的根据，或者也含有一点儿『托古改制』的意味。

战国、秦、汉之际，语文分歧，古文死了；那么战国以前，语文果然合一，古文果然是活着的吗？鄙见以为不然。战国以前，语文不但够不上说合一，而且够不上说分歧；后之所谓古文，在当时当然不以为『古』，但也说不上『活』——不是已『死』，乃是并不曾『活』。这种推定，完全是一种『唯物史观』，很容易明白的。第一，书契初兴，只是一种极简单的符号，其备忘表意的作用，比以前『结绳』的办法不过略胜一筹，岂能把整套的语言曲曲传出？说到语言，虽在太古，决不会像这路符号的简括：初民从习用的语言中，早已直接产生了文学，就是歌谣。但只能在口头耳畔相欣赏，到后来才传到竹帛上去，有些自然是伪造的，其不伪的，也一定失了本来语言的真面目；何况汉字这种符号，始终脱不了『结绳性』，是不能活泼泼地拼切古语，保留旧音的！即如《吴越春秋》（卷五）所载太古孝子作弹守尸的歌：『断竹，续竹；飞土，逐宍（肉）。』据刘勰说，这歌起于黄帝之世（要是靠得住，可算歌谣之最古者，向来选录古逸的也多把它冠首），是最早的一首『二言诗』；但现在调查各地歌谣，全首都是两个字一句的实在不经见，并且唱起来的音节也不合式，所以明黄生批评刘氏『此言未知诗体』，以为『必四言成句，语脉紧，声情始切；若读作二言，其声啴缓而不激扬，恐非歌旨。』（见《义府》卷下）我想二言诗虽不是口里所有的，却是纸上能有的。现有一个比例：我们家乡湘潭地方，乡间道路多未修，满是黏土，民间为之谣曰，『落雨一锅糟；

天晴一把刀』。清光绪中，王闿运先生仿《汉书》重修《湘潭县志》，在『八志』中的《地理志》内引了这首歌谣，他老先生却把它改为『雨糟；晴刀』两句二言诗了！但湘潭人谁都知道是绝对的五言。近人所以要如此者，是求句法的简古；前人所以要如彼者，也是求符号的简省：原因固然不同，其求『简』而不能密合语言则一，何况汉字这种符号，始终脱不了『结绳性』，比无论何种文字都要繁难，记载时的求简，更是人情之常了（《诗经》的《国风》虽是采自民间，可以入乐的，我疑心有些不好念的四言篇章，也曾经受了当时诗人的斧削）。第二，上古时的『文房四宝』又是何等艰贵而笨拙啊！纸，最初用竹片儿和木板，『简』『策』『簿』『籍』字都从『竹』，『札』『椠』字从『木』，『牍』『牒』字从『片』，至今物换而字未改；直到春秋、战国间，才用缣帛（『竹帛』二字连书，始见《墨子·明鬼》篇和《韩非子·安危》篇）；至于『用树肤麻头及敝布鱼网』创制的『蔡侯纸』，是纪元后105年才得到政府的褒奖的（见《后汉书·蔡伦传》）。笔呢，当初用刀（但据王国维先生的考证，刀是削牍的，不是刻字的），『兔毛笔』相传是秦蒙恬才创造的（见晋张华《博物志》）；墨是用的真『天然墨』——漆，后又发明一种石汁，到魏晋时才知道把漆烟松煤造成『墨丸』，在『凹心砚』上磨而贮之（见宋赵希鹄《洞天清禄集》——《四库书目》作《洞天清录》）。总之，从春秋到战国，『百家争鸣』，那些著述家却都是伏在极矮极矮的杌子上，拿一枝没有兔毛嘴的小竹管儿，点着漆，在那贵重的缣帛上（或刨得很平滑的竹片儿或木板上）一笔一笔的使劲写，现在想来，真费钱！岂但费钱，且不免如金圣叹批《续西厢》的话，『费手，费饭，费寿』呢。那么，省一句是一句，省一字算一字；改复词为单词，化散文成韵语，其动机不必在文学上，实是在经济上。试想在这种情况之下，那还能委婉曲折的写出语文合一的东西来？『文房四宝』进化了，才够得上有写语体文的资格；后来印刷术也发明了，所以唐、宋以后，文愈繁，书愈多；元、明以来，可以产生那么博大的长篇白话小说；近来铅印石印的机器输入了，所以每天能出四五大张几万份的报。语文合一，到此也就没有物质上经济上的障碍了。然而这几年语体文虽通行，却还没有打白话电报的（不费钱的骈文官电不在此例），可见语言和文学上的唯物史观是不会错的，而秦以前的语文不能合一与竹帛上不能有纯粹的活文学也是无可疑的。

不得已而求其比较的接近活语言，又足以表达出一般平民的悲欢哀怨的，来补充这个长时代的国语文学史，《风》诗，自然是很可宝贵，应该首当其选的了，这是北部和中部的民间文学；南部的就是《楚辞》，如《九歌》之类，也可入选。至于先秦诸子的学术文，和《左传》《战国策》等记事文，虽不是纯文艺，但多富于文学的趣味；文体虽不能与当时语言密合，但确是当时流行的一种普通文体，绝非秦、汉以后勉强保持强迫摹仿的死文学可比，而且所用的词头也大都是从当时语言中直接采取的；把它们算作近语的散文，实无不可。再往上推，《尚书》中的《盘庚》《大诰》之类，也可说为上古的语体散文。这都可以补选作秦以前之材料的。

（二）汉魏六朝（第一编约当纪元前200至后600约八百年间）

中国实行『国字统一』的政策，在筹备『国语统一』之前二千二百年，主持者是秦始皇和李斯；中国实行『文体复古』的政策，也在提倡『文学革命』之前二千一百年，主持者是汉武帝和公孙弘。这都是历史上值得大书特书的事！秦皇、汉武的这种功业，实在比那些并吞六国，置南海、桂林、象郡，通西南夷，通西域，等等，还要雄伟；而近几年来这种运动，也实在比『五四运动』，『打倒帝国主义』，等等，其关系还要重大。本编第一章特述秦皇、汉武这两件事，可谓史眼如炬。

自从汉武帝用通艺补官的制度，推行『古体散文』用作全国统一的应用文体，同时提倡一种最时新的美术文——从《楚辞》变化出来的『赋』，此后二千余年间，庙堂上都依着这个例演化许多贵族文学；所谓『国语文学』者，其源头大都起自民间，大都是各时代从民间涌现出来的『反庙堂』的文学潮流，即如当汉初提倡『古体散文』和『词赋』的时候，民间的『歌谣』和『五言诗』也在那儿蓬蓬勃勃的盛行，这是绝不受庙堂体制之拘束的。最可怪者，它们的势力很大：『赵代秦楚之讴』，汉武帝也不能不爱，甚至于特设一条采访编制演习的衙门，叫做『乐府』，后来衙门的名称竟化为这种民间文艺的名称了；五言的《古诗十九首》以至《孔雀东南飞》等，大约都是民间之『讴』而经过当时好事的诗人之斧削的，斧削它，为的就是爱它，其动机和后来施耐庵（？）斧削罗贯中的《水浒传》而成今本《水浒传》，罗贯中斧削《三国平话》（日本内阁文库所藏元建安虞氏至治新刊《全相平话》五种之一，最近有影印本）而成《按鉴演义三国英雄志传》，毛宗岗又斧削罗书而成今本《三国演义》一样。尤可怪者，它们的势力更进一步，居然可夺庙堂文学之席：五言诗到了汉末，进而至于六朝，遂成文人学士最典重最流行的诗体；唐人的拟乐府，也不复视为『民间之讴』了。到此，五言诗和乐府的命运也就告终，民间又涌现别种体裁的文学潮流，轰腾澎湃的侵入庙堂了。这些关系和变迁，须合三四千年来绘成一图，便能一目了然；这图便算国语文学史的一个提纲挈要的引论，也算一个系统分明的目录（在最近的过去，我曾制有一个《国语四千年来变化潮流图》，内有一栏是表明文学潮流的，可参考）。

这讲义的第一编第二章，就是讲『汉朝的平民文学』（纪元前100—后200，约三四百年间），所引的例不多；末了引的《孔雀东南飞》，我教学生时，曾把全文分段补入（《罗敷行》本不长，原文也未全引，我也补足了）。第三章讲『魏晋南北朝的平民文学』（200—600，约四百年间），这章比第二章编得有章法些，他把南朝的儿女文学和北朝的英雄文学分别得确有证据。《乐府诗集》里所收梁《鼓角横吹曲》六十五首和《木兰诗》二首（第二十五卷，《横吹曲辞》五），实在都是北方的民间文学，此外也还可以分析一些出来；因为史家多把南朝当正统，所以那时一切都是以南统北的。这种南北不同的情趣和风格，直到最近的长篇小说还是如此：北派爱说英雄侠义，南派爱说才子佳人（可参考胡先生的《五十年来中国之文学》第九章和拙制《潮流图》十九世纪栏）。这章中原文对于《木兰诗》也是节引，也补足了。现在初级中学的国语科，《孔雀东南飞》和《木兰诗》大都是教过的（《木兰诗》已有乐谱，高小学生都能唱），这讲义中引入全文，也有多少方便之处。

（三）隋、唐、五代（第二编约当纪元600—960，大约四百年间）

隋朝和秦朝一样，年代太短，附作南北朝的收尾也可，提作唐朝的开篇也无不可。唐朝可算中国文学史的黄金时代了。单就民间文艺的影响看来，其势力也特别的大：初期的七言绝句（五言不便唱，所以不如七言的流行），晚唐的词，其潮流从民间侵入庙堂，简直和汉、魏的五言诗与乐府演了同样的公式；印度佛教潮流从魏晋间起，一天一天的涌进来，晚唐禅宗的白话语录，渐流行而为讲学家书札讲义等应用文；民间歌谣和传说故事等，经有名的文人修饰润色而成为竹枝词和短篇小说之类，后来竟收入他们专集的，也不在少数（从敦煌石室中发现的唐写本民间文艺，还是未经文人修饰的，有一部分印在罗振玉先生的《敦煌零拾》和刘半农先生的《敦煌掇琐》上辑中）。就说到『起八代之衰』的韩文公，他的『古文』也实在是『托古改制』；当时所谓为古文者，因为要和庙堂的骈体文为敌，故不得不再古一点，拿《六经》《语》《策》《史》《汉》之文来作高压式的对抗，其实韩、柳等人之文又何尝真做得和《六经》《语》《策》《史》《汉》等一样呢？虚字的运用，语句的结构，多少受了些当时人们通用的语言的影响，这也不能不算民间的势力了。到了五代十国，那些『皇帝词人』，竟完全服从平民了（可参考拙制《潮流图》第七世纪至第十世纪栏）。

这讲义第二篇的章法比前篇更好，他把向来批评唐诗的初、盛、中、晚四个时期由盛而衰的旧说完全翻案；就文学的原理和上文所说民间势力的公式看来，确是颠扑不破的。第一章论『盛唐』，带叙初唐。（开国至武后时为初唐，620—700，约八十年间；开元、天宝时代为盛唐，700—750，约五十年间。）第二章论『中唐的白话诗』，白居易和刘禹锡自然是强有力的证人。第三章论『中唐的白话散文』，其中有一个韵文散文五条支路的变迁表，最宜注意；禅宗语录就是在这个时候发达的。（大约肃、代、德、宪、穆、武诸朝为中唐，750—850，一百年间。）第四章论『晚唐的白话文学』（宣宗以后至唐亡，850—906，约五十年间）。第五章论『晚唐五代的词』（五代从906算至975宋灭南唐止，约七十年间）。在五代的词内，我教的时候，曾经删去他所引的荆南孙光宪的《浣溪沙》一首，南唐张泌的《江城子》一首，因为其中有过露的艳句，用在讲堂上有时不大相宜，若给那些所谓『教育家』看见了，尤其觉得碍眼，只得割爱。仔细想来，前编第三章所引的《子夜歌》《读曲歌》等，其中如『可怜乌臼鸟，强言知天曙，无故三更啼，欢子冒暗去』，这种艳体，为何不删？再进一步说，若补选几篇《诗经》如《召南》中的『舒而脱脱兮！无感我帨兮！无使龙也吠！』读经的子弟们早已能脱口而出，为什么二千年来的教育家都不觉得碍眼呢？呜呼噫嘻！我知之矣！这完全是由于古今语之不同：五代词中用语和现代语快相近了，前乎五代五六百年的『欢子』已经作古，便不如五代的『娇姐姐』『好哥哥』那么『下流』，那么碍眼；至于前乎南北朝一千年的《诗经》，其词句非训诂便不可晓，不管他讲的是些什么『下流话』，总不会碍眼的。总而言之，这叫做『掩耳盗铃』罢了！然后叹二千五百年前的郑子皮在国君和外宾宴会的席上高唱这《野有死麕》的末章真不可及；古今人度量之相去一何远哉！

（四）两宋、金、元（第三编当纪元960—1370，约四百年间）

当五代时，中国四分五裂，战乱相寻，但在中国的文化史、学术思想史和文学史上是一个绝大绝大的关键；这并不是说那些『皇帝词人』有这么大的关系，乃是印刷术在那个时代由发明而推广，便把那个时代划为古今学的一条大鸿沟。近代古学大师，常说他唐以后书不读；就读了，也并不据为典要。例如清朝的杭世骏要给汉朝扬雄的《方言》作续编，这当然要续到他自己的时代才是，但他的《续方言》中所搜的材料只到唐朝，因为唐代的典籍还可证古，宋以后便不古了；马建忠仿『泰西葛郎玛』撰《文通》，举例也止于唐。这种风气，实在就起于宋朝；宋人一切学术思想和文学，其风尚，其旨趣，已和唐人大大的不同了。唐人虽尊古，却不一定主张复古（除韩、柳『古文』的旗号外），著述也不重考古，他们事事都具有时代性。宋人便以复古考古为风尚：明明是印度化的『道学』，却要推本于唐尧、虞舜『十六字之心传』（？）；唐颜元孙的《干禄字书》把正体、通体、俗体三种并列，宋张有便非『复古』不可；魏张揖的《广雅》是续《尔雅》的，宋陆佃的《埤雅》却不敢说『续』《尔雅》而要『辅翼』《尔雅》了（但他还采了一些当时俗语，后来古学家却大不谓然，到了明朝的《骈雅》，清朝的《别雅》等，更是专以考古为归，全不具当时的时代性了）：似此例证，不可胜举。总之，由五代至北宋，是古学今学的大鸿沟；这个原因，我又要把『唯物史观』来妄作解释。常言道得好，『物以少为贵』，写本的书不易成，不易得，不易多，不易传。到了宋朝印刷术普及了，汗牛充栋之势渐成，才觉得从前残篇断简之可贵，尊古卑今是古非今的心理，就此逐渐酿成了。然而在文学方面，民间的势力却始终没有受这种复古风气的影响，且因书籍易得，教育较易普及之故，民间文学的内容和程度实在比从前高。讲历史故事的『平话』出来了，渐渐演成几十百卷的长篇小说，竟作了平民教育的重要工具。词到两宋，作家蜂起，虽因古典盛行而渐老死，但在北方又变出新花样来，这便是『曲』：金朝董解元的《弦索西厢》，就是现今大鼓书的嚆矢；『小令』『套数』的低唱高吟还不够那时『平民的贵族』（如蒙古王公之类）的欣赏，便扩充为连唱带做，一本四幕的『杂剧』，后来更演化而为好几十出雄伟繁缛的『传奇』了。金元时代的国语文学，是最能表现平民与文士合作的精神的。这实在也是受了印刷术发达，使文化易于下逮并易于交换的影响（可参考拙制《潮流图》第十一至十四世纪栏）。

可惜这讲义的第三编只把两宋的诗、词、语录三种白话作品编次出来，这些都还是唐五代的潮流，有的涛势方张，有的余波未已；至于平话和金元的曲，还未述及，这讲义便终止了。可是这第三编的分量，竟占了全部讲义的二分之一。第一章『绪论』，略述宋初的庙堂文学和古文运动；第二章『北宋诗』，他对于『江西诗派』也是一种翻案的批评；第三章『南宋的白话诗』，陆游等四大家实在比北宋的邵雍辈更趋重自然，真做到『做诗如说话了』；第四章『北宋的词』，第五章『南宋的白话词』，他对于词家正宗的姜夔、吴文英辈，也下了翻案的批评。这五章都是他自己的改订本，其中所引诗词的例，比他的原本少些，我教的时候，因为材料已经不少，就没有按原本补上。至于第六章『两宋的白话语录』，这次付排的油印改订本中并没有，是我按照第一次石印原本割截凑合的，因为这章所引北宋禅师克勤和宗杲两家的语录，固是绝妙的白话说理文，而南宋朱、陆两儒家的语录，也是国语文学史中不可不举例的。第七章『南宋以后国语文学的概论』，是原本的第十三讲，在他的改订本中已被删去，我觉得这一讲恰好可作这部未完的讲义的结论，所以题作第七章，附于本编之末。于是《国语文学史》告终。

平话小说、小曲、戏剧，这讲义中虽付阙如，但这第七章的起首一段，说这三门都是北方的出产品，有很精约的论断。我再简单的介绍几部书作研究参考的材料：平话有《新编五代史平话》

（武进董氏影刊本，这是后来历史演义的起源），《京本通俗小说》（上海蟫隐庐《烟画东堂小品》本，共七卷，这是后来不贯串的章回体故事小说的起源），《三藏取经诗话》（罗振玉氏影印日本本，这是《西游记》的蓝本），《大宋宣和遗事》（《士礼居丛书》本，这是《水浒传》的蓝本），这四种确是宋代的『话本』，除《宣和遗事》有商务印书馆排印本外，原本都不易得，但近来商务馆却都排印了新式标点的单行本了；鲁迅先生的《中国小说史略》第十二、十三两篇是叙述宋元话本的，郑振铎先生的《文学大纲》第十六章『中国小说第一期』，都可参考。小令和套数有《朝野新声太平乐府》（商务馆《四部丛刊》影元刊本）和《阳春白雪》（南陵徐氏《随庵丛书》本），前种较易得。杂剧有《元曲选》（商务馆影印本，共一百种）。王国维先生的《宋元戏曲史》和《文学大纲》第十五章『中国戏曲的第一期』都是重要的参考品。——我用这讲义时所补选的材料都不见了，记得每种都选了一些，例如《三藏诗话》选了『人参果』一段，便把《西游记》的第二十四节附于后；《宣和遗事》选了『生辰纲』一段，也把《水浒》所记的节附于后。参考品如《宋元戏曲史》，便选了『元剧之文章』一章。现行坊本国语教科书中知道选这路材料的还很少，只有商务馆《新学制国语教科书》第六册选了元睢景臣《汉高祖还乡》的『套数』一篇，又《高中古白话文选》第二册选了王实甫《西厢记》『杂剧』三出；『小令』中许多绝唱，竟还没有选的。

（五）明清迄于民九（纪元 1370—1920，约五百五十年间）

讲义没有了，我也恕不多谈了。这一期的民间文艺，却真渐渐的形成现代的国语文学了。最要注意的是那几部脍炙人口的长篇章回体白话小说；这讲义第三编第七章，也把明清六百年间小说的演进论了一个大概。胡先生对于那些有名的小说，其中十二部都有精心结撰的考证、序、传、年谱等。我今略依时代胪列于左，以便参检：

①吴承恩的《西游记》（十六世纪）有详细的考证，附录董作宾先生的《读西游记考证》，又胡先生的《后记》两则（就印在亚东图书馆分段标点本的卷首；以下各篇都准此。本篇并收入《胡适文存二集》卷四）。

②施耐庵（？）的《水游传》（即七十回本，约十六世纪） 有详细的《考证》和《后考》（并收人《文存》卷三）。

③《征四寇》（即一百十五回本《水浒传》的第六十六回以后，约十七世纪）。

④陈忱的《水浒后传》（十七世纪） 这两书，亚东本印在一起，题为《水浒续集两种》，他有一篇《序》（并收入《文存二集》卷四）。

⑤毛宗岗的《三国演义》（十七世纪）有《序》（并收入《文存二集》卷四），还有钱玄同先生的一篇序。

⑥曹霑的《红楼梦》（十八世纪）有详细的《考证》（并收入《文存》卷三），附录蔡孑民先生的《石头记索隐第六版自序》，又胡先生的《跋红楼梦考证》两篇（并收入《文存二集》卷四）。

⑦吴敬梓的《儒林外史》（十八世纪）有《传》（并收入《文存》卷四）和《年谱》（并收入《文存二集》卷四）。

⑧李汝珍的《镜花缘》（十九世纪）有详明的《引论》（并收入《文存二集》卷四）。

⑨文康的《儿女英雄传》（十九世纪）有《序》。

⑩石玉昆的《三侠五义》（十九世纪）有《序》。

⑪韩邦庆的《海上花列传》（十九世纪）有《序》。

⑫刘鹗的《老残游记》（二十世纪）有《序》。

他这种考证的工作和成绩，称得起『前无古人』；我们把这些文章依次看完，尽够国语文学史中近代小说专史大部分的资料了。再把《中国小说史略》第十四篇以下作为参考，则除上列十二种以外之各类小说，都可得其来源去路。至于戏剧，从明初的『五大传奇』经昆曲而变化到『京调』，材料可真不少；但还没有较好的戏剧史，姑且参考参考《文学大纲》罢（明以来的戏曲总集和专集等，《文学大纲》每章后都附有书目，重要的都有，我这里不介绍了）。小说戏剧之外，这一期再没有特别生色的国语文学了；诗、词、小曲、散文等，虽也间有使用国语，接近平民的，但都不及小说戏剧的清新和伟大，可以不必多谈了。——中学教科〔书〕的现行国语文选本中，选到《水浒》《三国》《西游》《红楼》《儒林外史》《镜花缘》以及《老残游记》《文明小史》的，只有中华书局的《初级国语读本》，商务馆的《新学制国语教科书》和《高中古白话文选》三种。但选生存人白话作品的便多了。这是因为时代较古的白话词头没有相当的词书可查，注释讲解，都不容易，所以不敢多选。又《新学制国语教科书》第六册，选了明施绍莘《花影集》中一篇《吟雪》的套数，高明《琵琶记》的『吃糠』一段，《六十种曲》中《牧羊记》的『望乡』一段，王世贞《鸣凤记》的『写本』一段，在坊本中，算较为特别的。

明清两代到民九（1920）的五百五十年间，这讲义都付阙如，但那最后的五十年，却有一篇最适当的文章可以补入，就是胡先生的《五十年来中国之文学》（见《申报五十年纪念册》，并收入《胡适文存》二集卷二），这是疑古玄同先生提醒我的，我今就献计给你们罢。他这篇是民十一（1922）做的，从『桐城派』的『中兴大将』曾国藩去世的那一年（1872）叙述起。其中第九章评论北方的评话小说如《儿女英雄传》《七侠五义》等，和南方的讽刺小说如李宝嘉的《官场现形记》《文明小史》，吴沃尧的《二十年目睹之怪现状》《九命奇冤》，刘鹗的《老残游记》等，可与《中国小说史略》第二十七、八两篇参看。原文于李宝嘉、吴沃尧的事迹不详，《小说史略》稍详；我偶尔得到一篇合传，也一并送给你们作他俩事迹的参考。第十章叙说民六（1917）以后的文学革命运动和国语文学的成功，是很要紧的一段历史，不可不补入这讲义的。

（六）民九（1920）以后

为什么要在民九这一年作一截断呢？因为这一年是四千年来历史上一个大转捩的关键。这一年中国政府竟重演了秦皇、汉武的故事。（见上第二期）。第一件，教育部正式公布《国音字典》，这和历代颁行韵书著为功令的意味大不相同，这是远承二千二百年前秦皇、李斯『国字统一』的政策进而谋『国语统一』的，二千二百年来历代政府对于『国语统一』一事绝不曾这样严重的干过一次。第二件，教育部以明令废止全国小学的古体文而改用语体文，正其名曰『国语』，这也和历代功令规定取士文体的旨趣大不相同，这是把那从二千一百年前汉武、公孙弘辈直到现在的『文体复古』的政策打倒，而实行『文学革命』的，二千一百年来历代政府对于文体从不敢有这样彻底的改革，从不敢把语文分歧的两条道路合并为一。自此以后，民众文艺便得到相当的地位，文人学士也不须阳为拒绝，暗地里却跟着走，像从前那样的摆臭架子，戴假面具了；古典文学也得到相当的地位，文人学士更不须再像从前要受那种严酷的限制，可以自由发展，自由创作了。国语文学史说到这里，才算入了正轨：第一，有全国统一的标准语，不与方言发生轇轕，而方言文学的发展也能不违乎自然；第二，音标文字创造出来了，有委婉曲折以表现语言之美的可能，而汉字所范成的过去文学，仍自保存其优美的特点；第三，文学有社会化的趋势，民众国语的程度可以提高，欣赏文学的能力自然加大，于是文学不复为少数文人学士所垄断，而少数文人学士仍得发展其天才与学力而成稀有的作家。这三点都是民九以前的国语文学史中绝对不能有的，所以民九这年要算是开一新纪元了。

民九到现在，不过六七年工夫，国语文学界种种进行的事实，都在眼前，不用举证，我的意见也就写到这里为止了（若要得到最近的一个概观，也可参考拙制《潮流图》的二十世纪一栏）。

我想这讲义的原稿既是很不清楚的油印本，我的校订本也写得一塌糊涂，印刷局的校对先生们又大都不免『低能』，恐怕要错得不可究诘；末校还是由您自己担任为妥，否则勘误表是很要紧的。

听说胡先生在欧洲行踪无定，不久便要赴美，我写给他的信也就可以不发了。好在本年上半年他是要回国的，见面时再替你们报告也行。所印份数不可太多，让文化学社能收回纸张印刷费就得。

春祺！

黎锦熙

二月十六（元宵节），十六年（1927）

为国语运动、文字改革奉献一生

——纪念先父黎锦熙去世二十周年

黎泽渝

一九七二年

黎锦熙与黎泽渝在北京莫斯科餐厅前合影

先父黎锦熙投身国语运动、文字改革事业凡六十余年，从1916年至1978年始终担任领导这一事业的全国机构的委员、常委乃至副主席，为此事业贡献颇多，著述等身，下面仅简要谈谈。

1916年他和同仁们一起组创了第一个全国性的国语运动的领导机构——『中华国语研究会』，提倡推行『国语统一，言文一致』，他为国语会拟订《国语研究之进行计划书》作为奋斗纲领。随后撰写出版《国语学讲义》，最早提出了确定现代汉语的语音、词汇、语法诸标准。1920年他在《国语讲坛》中最先提出了『普通话』这个名称。六年后又与赵元任、钱玄同等六位委员开会确定以北京音为国语标准音。

他四十年如一日热情推行『注音字母』，参加修订注音字母并与钱玄同先生一起提议小学一年级即学习注音字母，被采纳并实施了几十年，又首创了注音符号草体并利用题笺、书写匾额、条幅等形式大力推行。他主编的《国音常用字汇》《国语辞典》《中华新韵》，率先采用注音符号与国语罗马字为条目注音，并按条目的音序来查字。这三部辞书被当时政府颁定为全国读音标准、诗词用韵标准的官书，从而使注音符号在全国广泛推广，推动了扫盲运动，推广了普通话。这种在辞书中用注音符号注音和按音序查字的方法今天还在用。

1922年《国语月刊·汉字改革号》发表了他的《汉字革命军前进的一条大路》，明确提出读写前进的大路就是词类连书，这是我国最早倡议『词类连书』，并提出理论和方法的开创之作。1988

年国家教委、语委联合公布的《汉语拼音词法基本规则》在说明制订的原则时，第一条即『以词为拼写单位并适当考虑语音、语义因素，同时考虑词形长短适度』，其含义在先父七十多年前发表的上述文章中已全面提出了。他不仅提出『词类连书』的理论和方法，还特别注意不断地在实践中检验提高。三四十年代，他主编的《国语辞典》对所收的词采用了『词类连书』的方式，通过拼音可以了解复合词前后音节的重音、儿化、音变等，而且在用罗马字注音时又确定了一些规则：专名开头大写，词间有密切关系的酌加短横『连接号』，词的重叠用『X』表示。通过辞典注音在公开出版物上出现了拼音化的文字形貌，这是一个创举，是勇敢的试验。周有光先生在《语文现代化的先驱和导师》一文中说：『「词类连书」摆脱汉字的迷惑，恢复汉语的语感。这不仅是拼音化的一大发现，也是汉语教学的一大进步……知「字」而不知「词」，是我国语言生活现代化的一大障碍，黎先生是一位铲除这个障碍的先驱和导师。』

1926年他与钱玄同、赵元任、黎锦晖等11人创拟出国语罗马字拼音方案，1928年该方案由当时政府公布施行，这是我国第一次用拉丁字母注音。30年代后期，解放区出现的北方话拉丁字母方案，1958年通过的现代汉语拼音方案，也都沿用了拉丁字母。

1926年先父创制出版了《国语四千年来变化潮流图》，用图表形象地表示出四千年来中国语言文字的变迁及文学的源流派别。该图被选作我国教育成果的代表作，参加了1926年在美国费城举办的世界博览会，并获得奖章、奖状，为国争了光。

1935年，他创设出注音汉字铜模，力倡出版注音汉字书刊读物。从目前开展的『注音识字、提前读写』活动，可以看出注音汉字的原理和方法于当前拼音教学有着多么大的现实指导意义。方言复杂的台湾广泛使用了注音汉字书刊后，在短期内达到了语同音的效果，这个事实对全国推广普通话有借鉴意义。

1949年后，他和同人们组创了中华人民共和国成立后的第一个文改组织——『中国文改协会』（语委前身）。他的许多创议被采纳，从而推进了我国文改运动。建国初期，先父著《国语新文字论》，徐世荣先生说这本书『系统地阐述了他对文字改革的全面主张……这30年来我们积极稳步进行的文改工作：简化汉字、整理异体字、规定标准印刷体字形、普通话异读词审音以及选定常用字表等。汉字的「四定」（定量、定形、定音、定序）工作，先生也预见地提出了纲领』。在30年里，先父积极参加了这些文改工作。他参加制定推广『汉语拼音方案』，为进一步完善这方案，他在耄耋之年创拟出《汉语双拼制方案》，其基本原理已被用于电脑编码，又被发挥运用于双拼新盲文的创制。

他一生对文字改革事业锲而不舍、孜孜以求，其出发点正如他自己所说：『这个运动关系到千千万万个老百姓，我国文盲多，应该去做这件启蒙工作，为最大多数人谋最大的幸福，这样的人生才有意义。』

*本文刊于1998年6月23日《中国教育报·文化周刊》。

黎锦熙先生年谱

一八九〇——一九七八

一九二四年

黎锦熙先生

一八九〇年（诞生）

先父黎锦熙（字：君绎，君劭，伯昕。号：绍希，后改劭西，劭亦作邵、少。别号：鹏庵，庵亦作广、厂，或安。笔名：无名，瑟涧斋主人），一八九〇年二月二日（清光绪十六年庚寅正月十三日）生于湖南省湘潭县晓霞镇石潭坝。其族祖黎樾乔为清廷御史。其父黎培銮考取过贡生，但不愿做官，长期闲居老家，为乡里『名士』。

一八九四年（四岁）

始从塾师读书，以《诗经》为开蒙教材。

一八九九年（九岁）

参加『罗山诗社』。爱好作诗、绘画、刻印、吹洞箫。其绘画、刻印的导师为齐璜（白石）。

一九〇〇年（十岁）

读完『十三经』；《昭明文选》读完一半；诸子及唐宋文熟读数百篇；古今体诗读至万首。并进习『八股文』，每晚作一篇。

清

黎光曙，清道光十三年进士

一九〇一年（十一岁）

始记日记，直至八十八岁去世，坚持每天写，未曾间断。

一九〇三年（十三岁）

始看时务、洋务之类的书并自学算术、世界地理等。

一九〇五年（十五岁）

经县试、府试、院试，考中最后一届秀才（自次年起全国停止科举）。

一九〇六年（十六岁）

受湘赣萍浏醴起义影响，到长沙与张子平发起组织『德育会』，以王阳明的『致良知』为宗旨，宣传牺牲个人，努力救国。不久被官厅侦悉，出示拿办，因即逃匿还乡。

一九〇七年（十七岁）

在当时『实业救国』思潮影响下，考入北京铁路专修科。在课余学习、研究社会学，主要研习《群

一九〇七年

黎锦熙，摄于一九零七年

学疑言》《社会学通论》等。

一九〇八年（十八岁）

铁路专修科毁于火，先父回湘考入湖南优级师范史地部。

一九一〇年（二十岁）

优师肄业，被选任为优师附属高等小学和附属中学地理教员。

一九一一年（二十一岁）

优师史地部毕业，成绩列全校第一名。毕业时正值武昌起义，长沙响应建立军政府，先父被湖南都督谭延闿聘为秘书。到任数日，发现军队复杂，无法办事，旋辞职，办《长沙日报》，任主笔，宣传各省反清独立及资产阶级民主政治。后《长沙日报》被迫停刊。

一九一二年（二十二岁）

创办《湖南公报》，任总编辑。由于批评时政，主张全国统一、绝对民治，因此该报被查封。是年始任湖南省立编译局编译员，翻译《美国民主政治》等书；并编辑小学教科书。他把《西游记》选入课本，这一创举引起教育界惊骇。他认为救国之路在于振兴教育、开发民智，教育要普及必改革教育，主张改革文言文教材为语体文。

一九一三年（二十三岁）

任湖南省立第四师范历史教员。当时毛泽东在预科一班读书。是年出版《教育学讲义》。

一九一四年（二十四岁）

『四师』与『一师』合并，改称湖南省立第一师范学校，先父继任历史教员。是年与杨怀中、徐特立、方维夏等同人组织创办『宏文图书编译社』，先父任主任，以编辑共和国中小学各科教材为主要工作，与同人合作，编辑出版了《初等小学国文读本》第一册、《初等小学国文读本》二卷、《中等学校国文读本》四册、《初等小学国文教授法》二卷。他们还创办了《公言》月刊，发表公正言论，批评教育界的歪风，在当时颇有斗争性。但发行了三期《公言》就被迫停刊。当时他与宏文图书编译社的同人们还共同发起组织哲学研究小组。曾在英国留学的一师伦理课教员杨怀中为指导，经常讨论一些哲学问题。学生中毛泽东、陈昌、蔡和森常来参加。

一九一五年（二十五岁）

应聘赴北京任教育部教科书特约编纂员（后为编审员），提倡白话文，反对小学『读经』，开始了促成『国文科』改『国语科』的活动。是年至1920年，他与毛泽东常有书信往来，讨论各种问题。是年出版《初等小学国文读本》三卷（与徐特立、杨昌济等合编）。

一九一六年（二十六岁）

发起成立『国语研究会』任委员，宣传『国语统一』（推广普通话），『言文一致』（普及白话文）。

一九一七年（二十七岁）

为国语研究会拟订《国语研究调查之进行计划书》。提出编订《国音字典》，调查全国方言，审查白话教科书及开办国语讲习所等任务。是年赴湖北、山西宣传注音字母。

一九一八年（二十八岁）

促成教育部成立国语统一筹备会，始任常驻干事。常到全国各地巡视调查国语讲习情况，并亲自讲学，推行国语。是年还促成教育部公布注音字母及常用汉字的标准读音。先父创制了注音字母草体。是年始任北京市完全科师范学校『国语』及『新文学』课的教员，后到一九二九年停止。当年的学生有白涤洲、舒舍予（老舍）等。是年印出《国语学讲义》石印线装本，次年正式出版。

一九二〇年（三十岁）

始任北京高师（现在北京师范大学的前身）国文系教授。始创讲授『国语文法课』，这是以白话文的语言规律为研究对象的，目的是回击当时国粹派所谓的『你们有新文学而无新文法』的谬论；同时也是为了促进国语运动。先父认为：在五四新文化革命旗帜下，要进行文字改革运动，必须找出写白话文的规律来。是年还授宋元明学术思想及国语国文教学法课。

在先父等人多年努力下，促使教育部在本年及以后几年改订小学至初中的『国文科』为『国语科』，小学教材取消了『读经』并且以白话文取代了文言文，捍卫了五四新文化运动成果。

是年兼任全国小学、初中白话文语法讲习会讲师及天津、保定、武昌、安庆、济南各讲习会国语讲师。从事文字改革、扫除文盲、改进语文教学运动，并调查江浙及天津等地小学国语教学情况。

发表《国语文法表解草案》等论文。

一九二一年（三十一岁）

《黎锦熙的国语讲坛》出版。

一九二二年（三十二岁）

与钱玄同等人在国语统一筹备会上提出简省现行汉字笔画案，并与他人共组『汉字省体委员会』，为委员。是年还兼任天津、济南、上海、长沙暑期国语讲习所讲师。编辑出版《国语月刊》的特刊《汉字改革号》，发表了《汉字革命军前进的一条大路》，强调词类连书对汉语拼音文字的重要性。还发表了《京音入声字谱》。是年，开始改用注音字母语体记日记，以亲自检验其优劣。

一九二三年（三十三岁）

『国语会』组成『国语罗马字拼音研究委员会』，由先父、黎锦晖（我二叔）及钱玄同、赵元任等十一人为委员。首创并领导国语会下设的『国语辞典编纂处』（一九二八年改名为『中国大辞典编纂处』），任总主任（直到一九五五年）。兼任北京大学、北京女子师范大学、燕京大学等校国文系教授，讲授国语文法、修辞学、目录学等课；并创立近代语研究课，集体搜集、整理唐代以后的词汇资料与《中国大辞典》的工作联系。是年年底，教育部教材编审处改名为『图书编审委员会』，先父为文科主任。

一九二四年（三十四岁）

任国立北京女子师范大学国文系主任，兼保定第二女子师范学校国语文法及文学史课，又兼青岛暑期小学教员讲习会国文课，还兼任上海中华书局编辑所临时所长，审定《十三经新注疏》等。同年《新著国语教学法》《新著国语文法》出版，这两部书都是很有创造性的、极有影响的学术专著，各自在我国近代教育史白话语法学史上占开创地位。

一九二五年（三十五岁）

任北京女师大国文系代主任，教授国语文法。是年女师大学生爆发驱赶反动校长杨荫榆的正义斗争，先父与鲁迅等进步教授站在学生一边，公开揭露反动校长迫害学生的阴谋；为被迫离校的学生义务授课，以实际行动支援进步学生。是年在报刊上公开上书司法总长兼教育总长章士钊，反对复古『读经』，谓读经『有百害而无一利』。还发动东南半壁（浙、皖、苏三省）的『焚烧小学文言文教科书运动』，以坚持五四运动以来的革命传统。是年还兼任开封、沈阳国语讲习会讲师，发表了《『读经问题』解潮》《提宾篇》等十多篇专论。

一九二九年

北平蓟门学校成立

一九二六年（三十六岁）

全国国语运动大会在北京召开，先父发表了《全国国语运动大会宣言》的长篇讲演。会上通过了《国语罗马字拼音法式》，并由『国语会』公布。先父由本年开始改用国语罗马字记日记。是年『国语字典增修委员会』六委员（先父、王璞、赵元任、钱玄同等）开会，始定北京音为国语标准音。出版《国语四千年来变化潮流图》。此图是把我国语言、文学的发展源流用图解表现出来，来龙去脉清晰而形象。一九二六年在美国费城世界博览会展出时，曾获美国、比利时等国奖状和奖章。西方人见此图后对我国悠久文化赞叹不已。

一九二八年（三十八岁）

任国立北平大学第一师范学院（北京师范大学的前身）院长。任教育部国语研究会常务委员。《国语罗马字国语模范读本》、《国语罗马字拼音法式》（与赵元任合著）出版。

一九三〇年（四十岁）

注音字母『宣传周』和讲习所遍及全国，形成宣传热潮。先父继续投身此运动。是年，中国大辞典编纂处议定组织大纲，先父继续领导这项工作。是年发表了《审音通说》专论。

一九三一年（四十一岁）

任北平师范大学文学院院长，至一九三七年。兼国文系教授。是年编辑《中国大辞典》的第一册第一卷，与钱玄同任总编辑，钱氏负责字的形体声韵部分，先父负责义训和复合词部分。

一九三二年（四十二岁）

与同人合力出版了由『国语统一筹备会』议定的《国音常用字汇》，首次采用北平地方的现代音系为标准音，使『字有定音，音有定调』。又大胆收了几百个简化字，『以示提倡』。这些在当时都是创举，还发表了《『将』论》《说『把』》等专论。

一九三三年（四十三岁）

《比较文法》出版。此书是先父语法学的代表作之一，该书对白话文和文言文词位和句式进行比较，书中虽涉及英文或方言的例句，也是为了说明古今汉语语法的不同。是年除授国语文法外，加授音韵学、语言学概要等课。

一九三一年

黎氏八骏，从右至左，依次为黎锦熙、黎锦晖、黎锦曜、黎锦纾、黎锦炯、黎锦明、黎锦光、黎锦扬。

一九三四年（四十四岁）

任教育部国语推行委员会常务委员。《国语运动史纲》出版。这本书详尽地汇述了自清末以来文字改革、注音字母、国语罗马字及大众语等的始末、性质、范围、目的、理论方法和纲领。是国语运动史上一部重要著作。是年《佛教十宗概要》出版。

一九三五年（四十五岁）

先父设计的注音汉字铜模由中华书局制成，作印刷小学课本及民众读物之用，以实现他所倡导的『先读书，后识字（汉字）』『忘其字（汉字），写其音』的主张。是年《注音汉字》《汉字新部首》出版。是年先父参加选定的三百一十四个简化字公布。他发表了《简体字之原则及推行办法》《康熙字典部首省并谱》等十多篇论著。

一九三六年（四十六岁）

继任中国大辞典编纂处总主任，与钱玄同、魏建功、汪怡、刘复等完成了《中国大辞典长编》，出版各类字、辞典多种，如《国语辞典》。该书按音序排列词条，逐词注音，并广泛吸收以北方音为主的普通话。这些在当时均属创举。此外还有关于文字、声韵、戏剧、小说考证等『副产品』论著二百余种，还搜集、整理了三百多万张资料卡片，可谓不成书的『大辞典』。同年还出版了专著《修辞学比兴篇》。

一九三七年（四十七岁）

抗日战争起，国立北平师范大学、北平大学、国立北洋工学院迁校于西安，合为西安临时大学。先父任国文系教授、主任。是年出版了《三十年来中等学校国文选本书目提要》《卢戆章传略》。

一九三八年（四十八岁）

西安『临时大学』迁至汉中、城固，改称国立西北联合大学。先父随往，继任国文系教授、主任。是年教师节，经教育部核定，发表为『部聘教授』（全国二十五科共十六名）。是年发表了《各级学校作文教学改革案》。

毛泽东从延安给先父寄赠《论持久战》一书，先父当即组织国立西北师范学院同人学习研究。

一九三九年（四十九岁）

西北联大改为国立西北师范学院，后陆续迁往兰州。先父兼任教务主任，奔波于城固、兰州两地授课。是年出版《钱玄同传》。

一九四〇年（五十岁）

『国语会』推选先父、卢前、魏建功三委员，在先父的《佩文新韵》基础上修订、撰写《中华新韵》，于次年撰成，由教育部核定颁行。它是代表民国时期『审音正韵』的一部官书。同年参加城固县编修县志工作，由先父首订方案并总其成，撰成《方志今议》，该书论述新修地方史志的要旨、方法。此书次年出版，至今仍有现实意义（1978 年台湾商务印书馆重版，近年国内也两次重版）。

一九四三年（五十三岁）

照学校惯例休假一学年。在陕西一些县调查方言，广收农村词汇，用对应方法推行标准国语。是年出版了《洛川方言谣谚志》。

一九四四年（五十四岁）

一九四〇年代

在先父倡导下，国立西北师范学院、国立女子师范学院、国立社会教育学院创办了国语专修科。这个专修科毕业的一百余人在台湾，光复后奔赴台湾，成了在台推行国语的骨干。是年出版了《同官方言谣谚志》《宜川县志》《洛川县志》《黄陵县志》。

一九四五年（五十五岁）

抗日战争胜利，被任命为西北师范学院（北京师范大学前身）院长。国语统一筹备会改名为国语统一推行委员会，先父仍为常务委员。是年发表了《词汇义类大系》《国字新部首》《学术业务类码简表》等二十余篇各类专论。

一九四六年（五十六岁）

在兰州参加西北师院师生的复大运动，即恢复名称为北平师范大学。同年冬，回北京任国文系主任、教务主任。是年发表了《语文学大系》《技术第一，创造至上》《说文古韵二十八部声系序》等。在重庆与许德珩、潘菽、李公朴等人发起组织『九三学社』，把许多有影响、有名望的高级知识分子团结在共产党周围，为打倒蒋介石、解放全中国贡献了力量。

一九四七年（五十七岁）

任北平师范学院国文系主任兼教授。又借聘为湖南大学文学院院长兼教授，讲授新目录学，出版《新目录学论丛》。还发表了《说文音母并部首通检小引》《中小学国文国语诵读之重要》等论文。同年，兼湖南省文献委员会委员，编修湖南省志，主方言志。同年，被选为联合国教育科学文化组织中国委员会第一届委员。同年与中共军调部徐冰（邢西萍）同志秘密联系。

一九四八年（五十八岁）

北平师范大学恢复校称，继任国文系主任兼文学院长。还继任中国大辞典编纂处总主任。是年《汉字四系七起笔新部首表说》《从基本教育看国语运动史》等文发表，并出版了《齐白石年谱》（与胡适、邓广铭合编）。

一九四九年（五十九岁）

北京解放，当选为第一届全国政治协商委员会委员、北京市各界代表大会代表。同年被指派为北京师范大学校委会主席（校长）。同年毛泽东指定先父、吴玉章、范文澜、成仿吾、马叙伦、郭沫若、沈雁冰等七人共组『中国文字改革协会』（现国家语言文字工作委员会的前身）。先父任常

一九五四年

黎锦熙，摄于一届人大会议

一九五六年

黎锦熙，摄于政协二届二次会议

全国政协在北京召开『政协全委会组织的宪草（初稿）座谈会』（九三学社）（一排右二为黎锦熙先生）

一九五四年

第一届全国人大安徽代表在京合影
（一排右四为黎锦熙先生）

务理事会副主席、汉字整理委员会主任。是年出版《国语新文字论》，为五十年来文字改革运动做了总结，并提出了改进工作的意见；还出版了《新部首索引国音字典》《增订注解国音常用字汇》等。

一九五〇年（六十岁）

继任北师大教授兼中文系主任，中国大辞典编纂处总主任。《中国文字与语言》《中国语法与词类》《新国文教学法》《论注音字母》《中国语法教程》等在本年及下年相继出版。

一九五三年（六十三岁）

因心脏病，基本不到北师大讲课，但仍在家中担任北师大青年教师和研究生的指导工作，并从事学术研究，积极参加文改运动。毛泽东派人送来珍贵药饵：人参果、藿香、贝母、冬虫夏草等。是年《字母与注音论丛》《汉语语法十八课》《怎样教学中国语法》出版。

一九五四年（六十四岁）

一九五七年

黎锦熙先生与北师大中文系研究生合影

黎锦熙先生与部分代表参加推广普通话座谈会合影

当选为第一届全国人民代表大会代表，这是他一生中第一次参加国家政权工作。是年，毛泽东在给先父的复函中说『同意推广注音字母』。是年发表了《注音汉字的拼音化》《文字改革后汉字是否完全废弃，文学遗产是否无法继承》。

一九五五年（六十五岁）

被聘为中国科学院哲学社会科学部第一届学部委员，兼国务院科学计划委员会语言组委员，国务院中国文字改革委员会委员。是年指导北师大中文系进修班研究汉语语法，写成《实践论语法图解》（1958 年出版）。继任中国大辞典编纂处总主任，编辑出版一批中小型字、词典，如《学习辞典》《学文化字典》《同音字典》《增注中华新韵》等，对于我国扫除文盲、普及教育，提高语文教学水平及推广普通话，都起了积极作用。后又被聘为中国人民大学教授，指导语文教研室的教师进行语法教学研究。是年《从汉语发展过程说到汉语规范化》出版。

一九五六年（六十六岁）

当选为第二届全国政治协商委员会委员，被聘为四个中央单位组织的辞典计划委员会委员。是年发表《四十多年来的注音字母和今后拼音字母》等。

一九五八年

黎锦熙先生与部分代表参观文字改革展览

一九五七年（六十七岁）

与吴玉章合写《六十年来中国人民创造汉字拼音字母的总结》，发表于《人民日报》，总结了我国文字改革的历史，其中对拉丁化新文字和国语罗马字的优缺点进行了分析；并对今后推行『汉语拼音方案』提出了具体办法。出版了一批文字改革的代表作，如：《文字改革论丛》《汉语规范化的基本工具——从注音字母到拼音字母》。是年，他始改用现行的汉语拼音方案写日记。同年指导北师大中文系青年教师进修语法课及编写《语法讲义》，并亲自为本科学生授课几个月，指导汉语构词法研究。是年出版了他的语法代表著作《汉语语法教材》（第一编，与刘世儒合作），书中修订了《新著国语文法》的不足，如提出了『词有定类，类有定词』，在句中可以『转类』『兼类』『活用』等观点。此外还出版了训诂学专著《汉语释词论文集》，还发表了《汉语复句新体系的理论》《汉语语法的科学体系和学科（教学）体系》（与刘世儒合写）。

一九五八年（六十八岁）

当选为第二届全国人民代表大会代表。《汉语拼音方案》于本年公布，此后历年参加该方案的调查评论。是年《联合词组和联合复句》（与刘世儒合写）出版。

一九六〇年（七十岁）

在中国科学院学部会议上提出『各种辞书资料搜集整理的大协作』建议。发表了《语法再研究》等文。

一九六一年（七十一岁）

参加了四个中央单位组织的『汉字查字法整理工作组』的研究讨论，与丁西林合拟的『笔形查字法』，在一九五六年被选定为四种查字法方案之一。指导北师大中文系青年教师研究语法理论体系和教学法（直到『文革』前夕）。是年发表了《四十多年来创拟『汉字新部首』的回忆》《从『七一』献礼说到档案工作》等。

一九六二年（七十二岁）

继续参加查字法研究工作。《汉语语法教材》（第三编）出版，此编把语法教学从复句扩展到句群、段落、篇章，至今仍有现实价值。此书是我国语法学的巨著，共三编，一百五十万字。先父说此书是『提高化、理论化、科学化』的语法书，是用来代替《新著国语文法》的。是年春节受中央广播

一九六一年

黎锦熙与家人合影

一九七三年

1973年5月周恩来会见赵元任夫妇时合影。参加会见的还有郭沫若、竺可桢、丁西林、周培源、黎锦熙、吕叔湘、赵朴初等知名人士。前排右三为黎锦熙，右七为赵元任。

电台之约对台广播，归后填词《沁园春》，表达他对台湾回归、祖国统一的愿望。

一九六三年（七十三岁）

继任北师大中文系青年教师的汉语语法学习小组导师，兼任北师大校务委员会委员及该校学报编委。编写《语法通典》和《语法虚词通典》。是年出版《汉语规范化论丛》。

一九六四年（七十四岁）

当选为第三届全国人民代表大会代表。

一九六五年（七十五岁）

写成《诗歌新韵辙调研小结》和《诗歌新韵辙的通押总说》。

一九六六年（七十六岁）

『文革』开始，先父虽在党中央关怀下为『保护』对象，但仍免不了受冲击。是年家藏书刊稿档被全部查封，住房被挤占，存款被冻结，工资被扣发——只发二十元生活费。在此逆境下，先父依然坚持科研。在十年浩劫中，他撰写各类学术著作三十余种。是年开始撰写《中国文字改革运动总评鉴和新进程》（两种、八册）。

一九六七年（七十七岁）

图书资料启封后，迁居到阜成门外白堆子。著《有关毛主席青年时代的回忆》。编写《中国历史大事编年》。

一九六八年（七十八岁）

迁居建国门外永安西里。《〈矛盾论〉语法图解分析》（三大册）初稿完成。

一九六九年（七十九岁）

《中国文改运动总评鉴和新进程》前四册完稿。是年上书中央，提出《请中央组织（中国百科大辞典）的编写工作的建议》。

一九七〇年（八十岁）

黎锦熙先生（左）与叶圣陶先生合影

一九七四年

黎锦熙与学生合影

一九七五年

试拟《中华人民共和国增附拼音字母表》，后又根据汉语声韵双拼的特点，在现行汉语拼音方案基础上，创拟出汉语双拼制草案，即以两个拉丁字母拼为一个汉字，以便于推行他几十年来所倡导的注音汉字。是年撰写出《汉字双拼体系全表》《汉字双拼例字详表》初稿。是年他开始改用自拟的双拼方案记日记。

一九七二年（八十二岁）

面呈周总理《文字改革概说》（征求意见排印本）。周总理指示要派助手帮助工作。同年年底在毛主席、周总理亲自关怀下，迁居朝阳门内北小街四合独院，使其有了安定的工作、生活环境。

一九七三年（八十三岁）

在国家派来的助手及家人协助下，着手集中整理七十余年家藏的图书资料，按类分放于六间书库。着手自订《年谱广记》分期大纲。同年，多次参加美籍学者关于中国文字改革拼音新字母的学术讨论会。是年草成《论现代汉语中的『量词』》，参加学术辩论。

一九七四年（八十四岁）

接待、回答全国各地《鲁迅著作注释》工作的来访来函，整理他与鲁迅在教育部和北师大两度同事时有关鲁迅的文献资料。同年写完《八十岁后工作总汇报和展望》，提出三点建议：一、实验汉语双拼字母；二、推广注音汉字排印的书刊课本；三、采用教育革命的新综合教学法。最后他希望通过广大群众的科学实验和语文教学实践，观其成效，促其实现。同年，还校补《毛主席六札纪事》，即根据他的日记及回忆，补充说明毛泽东一九一五至一九二〇年间的六封来函（这六封信的原件及其他一些有关毛泽东的文献，先父珍藏了近半个世纪，于解放初期捐赠给中央档案馆）。

一九七五年（八十五岁）

接待回答全国各地编辑词（字）典工作的来访来函。校补《〈矛盾论〉语法图解分析》（三大册）。

一九七六年（八十六岁）

编辑《二十年纪事诗存》（续编）。整理旧稿、来往信件和资料杂记等。还会见了首届来华访问的美国语言学代表团。

一九七七年（八十七岁）

修订《黎锦熙近著目录举要》，撰写并发表《峥嵘岁月中的伟大革命实践——回忆建党前夕毛主席在北京的部分革命活动》。同年年底，参加中央统战部召开的各民主党派中央常务工作会。

一九七八年（八十八岁）

一月：致书党中央，提出在发展自然科学的同时尽快发展社会科学的建议，还向社会科学院语言研究所书面汇报了汉字与机器翻译相结合的具体方案。

二月：十一日，参加『九三学社』中央常务委员会，被提名为第五届全国政协委员。十八日，因病住进医院。二十四日，当选为第五届全国政协委员。

三月：二十一日，口述致北京地区语言学科规划会上的书面发言稿（由我记录整理）。二十七日上午，修订上述书面发言稿，深夜十一点三十七分逝世。享年八十九岁。

一九七六年

黎锦熙先生与黎泽渝夫妇合影

一九七七年

黎锦熙先生与外孙女合影

【附白】

先父去世周年时，南京师范学院（现名南京师范大学）《文教资料简报》编辑部约我撰写《黎锦熙先生传略及年谱》，成稿后，在京的许老（德珩）、叶老（圣陶）、顾老（颉刚）、潘老（菽）及孙楷第、高景成先生在百忙中详加审阅补正；许老还亲笔为本文题签。而今先父已谢世十六周年，上述四老及孙先生也都作古，更激起了我对先辈们的深切怀念与崇敬之情。

此次我参阅了先父亲笔手书的履历表、年谱、广记提纲，及我所搜集整编的700余种《黎锦熙著作目录》（1995年书目文献出版社出版）等有关资料，对本年谱进行了订正与较多补充，但因时间和健康所限，未备之处在所难免，敬请读者批评指正。

黎泽渝

1994年12月6日

*本文刊于1995年02期《汉字文化》。

照片系家属提供

黎锦熙先生主要著作

《新国文教学法》
北京师范大学出版社

1950

《新著国语文法》初版
商务印书馆

1924

《中国语法与词类》
北京师范大学出版社

1950

《注音汉字》
商务印书馆

1933

《怎样教学中国语法》
商务印书馆

1953

《注音汉字》
商务印书馆

1937

《黎锦熙文集》(上、下)
黑龙江教育出版社

2007

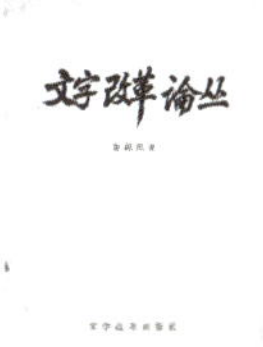

《文字改革论丛》
文字改革出版社

1957

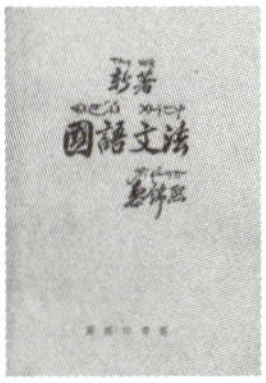

《新著国语文法》21 版
商务印书馆

1955

《国语运动史纲》
商务印书馆

2011

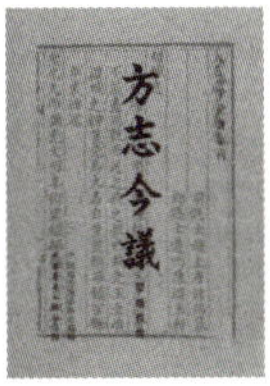

《方志今议》
中国展望出版社

1982

《汉语规范化的基本工具——从注音字母到拼音字母》
江苏人民出版社

1957

《比较文法》
中华书局

1986

《汉语规范化论丛》
文字改革出版社

1957

图书在版编目（CIP）数据

国语四千年来变化潮流图 / 黎锦熙著. -- 影印本. -- 北京 : 北京联合出版公司, 2019.7（2019.7 重印）

ISBN 978-7-5596-3153-4

Ⅰ. ①国… Ⅱ. ①黎… Ⅲ. ①汉语史—研究 Ⅳ. ①H1-09

中国版本图书馆CIP数据核字(2019)第066955号

国语四千年来变化潮流图（影印本）

著　　者：黎锦熙
选题策划：葭苇书坊·周博
出版统筹：吴兴元　梅天明
特约编辑：李夏夏　魏姗姗
责任编辑：牛炜征
营销推广：ONEBOOK
装帧制造：墨白空间·张萌
装帧设计：孙晓曦

北京联合出版公司出版
（北京市西城区德外大街83号楼9层　100088）
天津图文方嘉印刷有限公司印刷　新华书店经销
字数24千字　720毫米 × 1030毫米　1/16　1印张
2019年7月第1版　2019年7月第2次印刷
ISBN 978-7-5596-3153-4
定价：68.00元

后浪出版咨询(北京)有限责任公司常年法律顾问：北京大成律师事务所　周天晖　copyright@hinabook.com

本书若有质量问题，请与本公司图书销售中心联系调换。电话：010-64010019